Lluis Juan Liñán

Imágenes que se escriben

Ensayos Críticos
07

Ecos de ecos

«Había comprado el libro en mi juventud, le había echado una ojeada, había visto que estaba muy estropeado y lo había puesto en cualquier lado y olvidado. Pero con una especie de cámara interna había fotografiado esas páginas y durante décadas la imagen de esas hojas venenosas estuvo en la parte más remota de mi alma, como en una tumba, hasta el momento en que emergió de nuevo (no sé por qué razón) y creí haberla inventado».[1]

En este breve extracto de *Interpretación y sobreinterpretación* —un libro fascinante que aborda la recepción de algunos de sus textos por parte de otros autores— Umberto Eco narra que, pasadas varias décadas de la publicación de *El nombre de la rosa*, descubrió por casualidad que la descripción del segundo volumen de la *Poética* de Aristóteles que aparece en la novela era en realidad la descripción de un manuscrito que guardaba en su propia biblioteca y que había olvidado por completo. Sin saberlo, las líneas que escribió en su primera obra retrataban aquel viejo libro, un recuerdo procesado y olvidado que volvió a ocupar su pensamiento disfrazado de idea original.

Este acto de rememoración inconsciente se define en el campo de la psicología como 'criptomnesia', la recuperación de recuerdos e imágenes mentales que no se reconocen como tales, sino que se experimentan como creaciones originales cuando canalizan la generación de nuevas ideas. Autores como Carl Gustav Jung o Sigmund Freud trataron este fenómeno en sus textos hasta descubrir que es en este almacén inconsciente donde muchas de las experiencias vividas, los objetos percibidos y las palabras leídas, se deforman, interactúan y recombinan hasta engendrar pensamientos inéditos. Bajo esta lupa, una mayor densidad en este archivo invisible se correspondería con un mayor potencial para intuir nuevos materiales imaginarios.

Hasta la popularización de los medios de comunicación de masas en el tránsito del siglo XIX al XX, la explotación de este repositorio escondido estaba reservada a un público exclusivo: aquellos cuya posición social permitía alimentarlo con experiencias, obras, escritos o técnicas inaccesibles a la mayor parte de sus coetáneos. La expansión de la prensa y el desarrollo de la fotografía y el cine, no obstante, incrementaron exponencialmente los puntos de acceso a este reino de recuerdos prospectivos, a cambio, eso sí, de su transformación en formas más inmediatas y consumibles: las de la imagen tecnificada, capaz de recorrer miles de kilómetros a lomos de revistas y películas hasta servir de experiencias a una audiencia de dimensiones internacionales.

Tal y como escribió Martin Heidegger en la década de 1930, los medios de comunicación de masas convirtieron el mundo en un conjunto de imágenes, aumentando su alcance, impulsando sus cualidades reproductivas y exponiendo silenciosamente a un gran número de pensadores y artistas a las posibilidades de la criptomnesia. No es de extrañar que la propia definición del fenómeno se enmarque en la época de la reproducción técnica de la imagen y la masificación de los recuerdos y las experiencias de segunda mano. Vistas de pasada y en cantidades inéditas, las imágenes se convirtieron en un ingrediente esencial de los encuentros inefables que alimentaron la producción cultural del siglo XX, hasta el punto de que la creatividad se vinculó a la capacidad de dar forma a las imágenes que pueblan el imaginario colectivo, pero que muy pocos conseguían capturar. De ahí, quizá, que Ortega y Gasset afirmase en 1918 que «todo gran poeta, señora, nos plagia». O, en otras palabras, que la característica esencial de un creador es descubrir algo que no conocíamos, «pero que no es nuevo para nosotros».[2]

Sin embargo, mientras que la reproducción masiva de la imagen alimentó los engranajes creativos del siglo XX, su aceleración electrónica en el tránsito al siglo XXI parece estar saboteándolos. La explosión imaginaria que ha acompañado la popularización de los medios digitales en las últimas tres décadas ha alcanzado un umbral crítico que, una vez superado, parece dejar atrás la misma posibilidad de la criptomnesia. Con la universalización de internet y la integración de los dispositivos personales en todos los ámbitos de la existencia contemporánea, la 'iconosfera' que anticipó Marshall McLuhan en la década de 1960 se ha transformado en una realidad palpable; hoy en día, hablamos, aprendemos, circulamos y vemos a través de las imágenes, que nos acompañan, nos exigen y gestionan nuestra percepción.

La exposición al torrente visual que atraviesa nuestros dispositivos electrónicos ha derivado en una condición peculiar. En la era de la información resulta cada vez más complicado olvidar o, dicho de otro modo, transformar la experiencia en recuerdo y evitar su identificación con cualquiera de las imágenes que nos asaltan a diario o que permanecen agazapadas, pero presentes, en el espacio que enmarca una simple búsqueda. Como resultado, la memoria, otrora privada, accidental y accesible solo mediante la intuición, se ha transformado en un entorno común y visible, casi ineludible, que se proyecta sobre la superficie mundial con la ayuda de los motores de búsqueda y la fibra óptica. En este contexto, la disponibilidad y la sobresaturación han sustituido a la escasez y la estabilidad como las condiciones fundamentales de las imágenes que se cuelan entre las costuras que conectan la información con el conocimiento y la creación. Expulsadas de los dominios de la criptomnesia, las imágenes se han inmunizado frente al poder transformador del olvido y, paradójicamente, su disponibilidad se corresponde con la normalización de la originalidad a escala global, también en el ámbito de la arquitectura.[3]

La imagen que introduce este texto nos detiene en esta reflexión. Se trata de un mosaico generado por el arquitecto Miro Roman a través de un fragmento de código que le permitió rastrear, almacenar y organizar automáticamente las fotografías publicadas en la plataforma digital *ArchDaily* durante sus primeros diez años de existencia.[4] Más de medio millón, aunque la cifra no es lo importante. Lo importante es el sistema de sustituciones que esta y otras plataformas arrastran en su mediación de la producción arquitectónica global. En sus dominios, la identificación se alza sobre la selección, la acumulación sustituye a la jerarquía y la adición reemplaza a la composición. Autodefinidas en origen como bases de datos, estas galerías de la memoria arquitectónica no proponen jerarquía a sus contenidos ni los presentan vinculados a posiciones editoriales, sino que disponen un entorno para la acumulación en el que informaciones divergentes mantienen su singularidad y permanecen en un estado de intercambio constante. Ninguna es más relevante que otra y todas pueden encontrarse en una nebulosa visual que cubre sin remisión la mirada de los arquitectos contemporáneos y donde lo histórico, lo canónico y lo que está de moda se funden en la equivalencia.[5]

Contemplar el mosaico no solo revela la dimensión abrumadora del entorno digital y la incapacidad humana para entender estos repositorios icónicos en su conjunto. Al detener la vista en su superficie, adivinamos figuras y extraemos patrones, como si los elementos que lo forman se estuviesen agrupando para generar imágenes en un nuevo campo visual. Es lo que sucede cuando vemos animales en las nubes o cuerpos en las estrellas; tendemos a percibir patrones en las estructuras naturales al igual que lo hacemos en las estructuras de datos. Se trata de un fenómeno que se conoce como 'apofenia' y que consiste en dibujar relaciones y similitudes entre fuentes heterogéneas sin más conexión que su simultaneidad perceptiva.[6]

De la criptomnesia a la apofenia los cambios en la percepción son también los cambios de los mecanismos técnicos de captura, almacenaje y distribución de la imagen. El mosaico de Roman, de hecho, nos invita a pensar en la transformación de las redes globales de información en redes generativas, neuronales o, incluso, imaginativas.[7] Una transformación enmarcada en el último advenimiento de la inteligencia artificial y que parece haber materializado la doble naturaleza del éxtasis de la comunicación que Jean Baudrillard pronosticó en la década de 1980. De un lado, esta tecnología confirma la consolidación de internet y del medio digital como soporte maestro de la información planetaria, un soporte que convierte todas las realidades del mundo, tanto materiales como intelectuales, en objetos de comunicación indexados y relacionables. Del otro, formaliza sus cualidades «proteicas» o, en sus propias palabras, las posibilidades generativas de «la era de las conexiones, el contacto, la contigüidad, la realimentación y la interfaz generalizada que pertenecen al universo de la comunicación».[8] La iconosfera, automatizada y siempre creciente, ha comenzado a evidenciar su autonomía para reproducirse y generar nuevas imágenes, nuevas visiones, nuevos mundos.

Este ensayo se adentra en esta transformación y lo hace oscilando entre la criptomnesia y la apofenia. Las reflexiones que le van dando forma se nutren en gran medida de las referencias y planteamientos concitados en la tesis doctoral *Arquitectura Web: de la reproducción a la producción en la era de internet*, leída en enero de 2022. En aquella investigación se abordaron los procesos históricos que han culminado con la constitución de internet en un entorno dominante de intercambio de información arquitectónica, así como en el desarrollo de una serie de acercamientos proyectuales que se han abierto paso en relación con este medio de comunicación. Al fin y al cabo, la expansión de nuevas tecnologías de la información no solo arrastra nuevas estructuras de conocimiento, sino una nueva metodología creativa basada en su lógica técnica. La interconexión, la masificación documental, la erosión del linaje histórico de las referencias o la intensificación de la esencia instrumental de la imagen son algunas de las características de la integración de esta lógica en el trabajo de distintas prácticas arquitectónicas durante las últimas dos décadas, desde MOS a BRUTHER, pasando por Made In o PLOT.

La actual popularización de las redes neuronales promete generalizar esta lógica y culminar su integración más o menos deliberada en los mecanismos de trabajo de numerosas prácticas contemporáneas.[9] Sin embargo, esta integración se acompaña de un conjunto de particularidades —comenzando por el incremento de la automatización en los procesos de diseño o de producción de imágenes— que nos obligan a contemplarla con atención renovada, escéptica de nuestras propias previsiones. Para ello, el género ensayístico es seguramente el mejor aliado, ya que nos ofrece la posibilidad de distender las ataduras académicas y la obligación de recordar la procedencia de las palabras que construyen el texto. El ensayo, dicho de otro modo, nos invita a olvidar, a esconder por un momento el amplio repositorio de referencias construido durante la investigación doctoral; nos llama a procesarlo, a enfrentarlo a nuevas lecturas y a recuperarlo a través de la intuición para sondear los territorios creativos que se adivinan con la generalización de la inteligencia artificial. Quizá ello nos ayude a detectar intersticios y áreas de oportunidad donde dirigir nuestra propia curiosidad como arquitectos.

El sondeo se apoya en un conjunto de cinco imágenes que, como la de Roman, identifican distintas facetas de la lógica técnica que ha impulsado la presente obscenidad generativa de la iconosfera. Su orden en la narración es en parte aleatorio y no sigue una secuencia prestablecida, sino que busca canalizar reflexiones paralelas, complementarias o incluso redundantes que, vistas desde cierta distancia, permitan vislumbrar nuevas proposiciones conceptuales. Como se ha podido comprobar con la que introduce este primer texto, las imágenes no se presentan en su formato más visible, sino a través de un código de respuesta rápida —Quick Response Code— que redirige a su visualización en un dispositivo móvil. El aplazamiento de su contemplación, aunque incómodo, responde a distintas cuestiones que van desde la conservación de la esencia interactiva en ciertos casos hasta nuestra incapacidad para obtener los derechos de reproducción en otros.

La más importante, no obstante, es la ilustración de una cualidad que resulta fundamental para posicionar este ensayo o su posible interés. Las imágenes son información. No son un fin, sino un medio que almacena, codifica y distribuye contenido. El proyecto de arquitectura también lo es —después de todo, toma forma en conjuntos de imágenes—. Una creación inmaterial que almacena, codifica y distribuye contenido destinado a la transformación material del mundo. Un conjunto de instrucciones. La proyección y la imaginación son el lugar de trabajo de la arquitectura y, en consecuencia, la transformación de las condiciones técnicas que lo soportan redefine inevitablemente los acuerdos que regulan el acoplamiento entre la labor proyectual y el mundo. Si bien la conversión digital de la práctica totalidad de los instrumentos de proyecto evidencia su condición informacional, a veces resulta necesario volver a enunciar esta idea para detectar el carácter intrusivo, o incluso instructivo, de nuevas técnicas y formas de trabajar con ellos —con planos, modelos o imágenes—. Bajo esta óptica, las imágenes que acompañan el ensayo establecen cinco coordenadas que vamos a tratar de conectar con palabras, deseando que el proceso nos ayude a cartografiar un nuevo territorio para la acción proyectual.

Así, este ensayo puede ser leído como el resultado de un ejercicio que ha buscado reproducir el procedimiento que Eco reconoce al descubrir su propio recuerdo y que asocia con lo que le sucedió a un tal Zatesky quien, «habiendo perdido parte del cerebro durante la guerra, y con esa parte toda su memoria y su capacidad de hablar, [...] consiguió sin embargo seguir escribiendo; así, automáticamente su mano escribió toda la información que era incapaz de pensar y, paso a paso, reconstruyó su identidad leyendo lo que había escrito».[10]

El alfabeto y el píxel

¿Es la palabra escrita un medio de proyecto útil, instrumental? Cuanto menos es un medio legítimo, administrativamente necesario. Una porción significativa de lo que las instituciones definen como proyecto arquitectónico toma forma a través del texto: la nota simple, la memoria técnica, el presupuesto... Pero cuesta leer en las palabras que se acumulan torpemente en estos documentos la concreción de un edificio, una concreción que descubrimos de inmediato al ojear los planos que se despliegan en otros formatos del proyecto. En estos conjuntos documentales la palabra ejerce una función de segundo orden destinada a refrendar públicamente, o a comprometer legalmente, las directrices espaciales y los acuerdos materiales producidos por otros medios como el dibujo, la maqueta o el modelo virtual.

Esta función secundaria, que no es tal en otros ámbitos de la arquitectura como la historia o la teoría, nos resulta natural cuando releemos uno de los textos fundamentales de Robin Evans y recordamos que «para insistir en el acceso directo a la obra tan solo se puede designar al dibujo como verdadero depositario del arte arquitectónico».[11] De hecho, podríamos afirmar que la existencia del proyecto arquitectónico y su reciprocidad con la figura del arquitecto están históricamente ligadas a la sustitución de la palabra por el dibujo en los procesos de edificación.[12] Con esta sustitución, la sistematización del dibujo y la codificación de sus convenciones se transformaron en el campo de batalla donde se dirimió la vinculación de los edificios con el ejercicio intelectual de los arquitectos y, con ellas, la conformidad de un proceso creativo que muchas veces damos por sentado y que suele transitar desde la idea al dibujo, al edificio, a la experiencia y, finalmente, al texto.[13]

Solamente la suspensión de la incredulidad crítica que nos facilita la costumbre nos permitiría validar esta secuencia. El propio Evans la hace saltar por los aires cuando nos recuerda que el dibujo no captura las ideas, sino que las produce. Sin su dibujo, esas realidades imaginarias no serían posibles; no existen de antemano y su conexión es con la destreza antes que con la intuición. De la misma manera, podríamos pensar que no existe experiencia sin lenguaje, que las ideas no siempre aparecen antes de su escritura y, desde luego, que el dibujo arquitectónico no solo precede al edificio. Al fin y al cabo, tiene su origen en la materia, en la medición de la tierra. Fue la interposición del papel la que nos permitió pensarlos por separado, pero ello no implica pensarlos en secuencia. Los procesos de proyecto distan mucho de desarrollarse linealmente; más bien, despliegan una red de colisiones, intercambios y sustituciones canalizadas mediante técnicas dispares e intensidades variables. Una red que no solo cubre el espacio que conecta el proyecto con el edificio, sino también con sus reproducciones, sus itinerancias y sus relaciones con y como imágenes pasajeras que recargan constantemente los puntos de acceso a la obra de arquitectura.[14]

Estas recargas se nutren de la energía que se genera cuando una técnica vampiriza a otra o, dicho de otro modo, cuando un proyecto cambia de formato. No es algo extraño. En sus comienzos, todas ellas se formaron alimentándose de otras hasta desarrollar una ecología material e intelectual diferenciada. El plano se sirvió del suelo, el manuscrito de la tablilla y la fotografía de la cámara oscura, hasta que la tecnología de la información, armada de bits, absorbió la energía de todas. Cuando se ocupó de las imágenes en la década de 1950 no comenzó por capturar la luz que rebota en la materia, sino en la propia imagen: las pioneras digitales surgieron del escaneado de fotografías, un proceso que permitió procesar, almacenar y reproducir su contenido visible mediante su conversión numérica y la codificación digital del color. Así, si la fotografía surgió como «un espejo con memoria», la imagen digital se abrió paso como una memoria con espejo: un conjunto de informaciones —primero— que se visualizan a través de distintos dispositivos —después—.[15] Datos enlazados a una retícula de píxeles para transformarse en información visible al ojo humano.

La inversión técnica promovida por la imagen digital consolidó tres posiciones clave. Primero, que su reproducción del mundo no es directa, sino que se origina fundamentalmente en otras imágenes, sus convenciones, sus sesgos y sus tradiciones. Segundo, que la cantidad de información almacenada es tan importante como su procesamiento. Pensemos que, con solo dos bits por píxel —blanco o negro— seríamos capaces de reproducir con aparente fidelidad cualquier imagen ya creada, siempre y cuando la retícula que los organiza sea lo suficientemente densa como para adaptar su implacable ortogonalidad a los matices, formas y atmósferas capturados en su superficie. Y tercero, que en su base existe siempre una alianza entre caracteres y píxeles, un código que combina bits, descriptores y elementos de color para conformar una suerte de nuevo lenguaje internacional, el de la información.

Apoyándose en estas tres posiciones, la imagen digital inauguró una nueva visión en el mismo momento en que la teoría de la información daba lugar al nacimiento de una nueva inteligencia.[16] La visión artificial o informática, un modo de describir el mundo a partir de sus imágenes que seguiría una evolución incansable durante la segunda mitad del siglo XX nutriéndose de la realimentación entre teorías y tecnologías. Como cualquier otro sistema de percepción, no solo es una forma de ver la realidad, sino también de traducirla, clasificarla y distribuirla de acuerdo con distintos modelos de conocimiento y con una lógica técnica que oscila constantemente entre la escritura y la visualización. Tal y como explicaron Dana Ballard y Christopher Brown en 1982, el propósito fundamental de la visión artificial es «la construcción de descripciones explícitas y significativas de objetos físicos a partir de imágenes».[17] Explícitas y significativas. Visibles y comprensibles. Editables. Manipulables.

La imagen que introduce este epígrafe nos muestra algunas implicaciones de este modo de percepción. Se trata de un mosaico que ejemplifica el rango de representaciones que estructuran la visión artificial no de manera secuencial, sino en un complejo sistema de interacciones. El más bajo (a) es el de las «imágenes generalizadas», o las imágenes que se obtienen mediante distintas tecnologías digitales de captura, como la fotografía digital de una casa suburbana. El siguiente (b) es el de las «imágenes segmentadas», generadas a partir de las primeras con la voluntad de discriminar sus objetos constituyentes sin asociarles un significado, solamente a partir de las variaciones en sus propiedades intrínsecas como información —la agrupación de colores, la correlación de contrastes, etc. —. Una forma avanzada de fondo y figura que extrae bordes y regiones visuales y que descompone la imagen en partes identificables. De ahí a las «representaciones geométricas» (c), o el modelado de este conjunto de partes y su correlación para cuantificar formas a partir de su figura, algo que permite interpretar las variaciones en la apariencia de los objetos cuando los miramos desde otros puntos de vista o bajo nuevas condiciones lumínicas. Finalmente, los «modelos relacionales» (d) se sitúan en el estadio más elevado, o más complejo, de esta secuencia de instantáneas para acoplar la representación con su significado o, como nos muestra el ejemplo, con el significado de los elementos que la componen. Para ello, cada una de las partes discriminadas se clasifica según distintas redes semánticas que acoplan el mundo con la palabra. Un tejado, un seto, un árbol, césped, lados: la paleta de relaciones conceptuales de una casa suburbana. Si a nuestros ojos la primera de las representaciones puede parecer la más significante, la que más se relaciona con la realidad, a 'ojos' de un ordenador el nivel más profundo de significación solo se alcanza cuando la información visual se segmenta y se identifica con términos humanos. Para la visión artificial, dicho de otro modo, el cuadro de *Las meninas* es tan importante como el pequeño diagrama que los museos colocan a su lado para identificar a los personajes retratados por Velázquez.

Agudizar la visión artificial requiere de muchísimos ojos humanos, una suerte de paradoja que establece que una mayor automatización necesita de una mayor cantidad de intervención manual o de entrenamiento. Así, si la obtención de imágenes generalizadas alcanzó un elevado nivel de resolución ya en las décadas de 1960 y 1970, el desarrollo de modelos relacionales con la capacidad no solo de ver, sino de significar imágenes, tuvo que esperar hasta que la expansión de internet durante la última década del siglo XX permitió globalizar el acceso a la imagen digital. Solamente entonces la visión artificial alcanzó los niveles de profundidad que hoy vinculamos a conceptos como 'redes neuronales' o 'aprendizaje profundo'. Para llegar a ellos se hizo necesario escalar radicalmente los procesos de emparejamiento y etiquetado que son esenciales a los modelos relacionales y que no solo permiten asignar significados a los objetos de una imagen, sino establecer relaciones posicionales entre los mismos o vincular distintas imágenes de un mismo objeto.

Sirva como ejemplo el caso de ImageNet, una base de datos de imágenes etiquetadas y categorizadas que la investigadora Li Fei-Fei comenzó a pensar en 2006 cuando trabajaba en la Universidad de Illinois Urbana-Champaign. El punto de partida del proyecto se situó en el estrabismo que parecía distorsionar la visión artificial en sus intentos por aprender a ver el mundo en sus imágenes. Y es que, a pesar de los incesantes avances en su fisionomía algorítmica, su agudeza visual mostraba el mismo grado de definición que un desarrollador de Silicon Valley, capaz de confundir la *Olimpia* de Manet con un burrito.[18] En una nueva secuela de las restricciones significantes que ayudaron a la máquina de Turing a resolver el Enigma alemán, Fei-Fei planteó la necesidad de refinar los datos que alimentaban los procesos de aprendizaje de la visión artificial, algo que pasaba por incrementar y pre-procesar las imágenes utilizadas para focalizar su atención.

Apoyándose en la masificación icónica que se produjo con la expansión de la World Wide Web a lomos de Google y las primeras redes sociales, ImageNet se publicó en el año 2009 como una base de datos de tres millones de imágenes públicas, clasificadas y significantes. Más concretamente, significantes según la red semántica que utilizaron como modelo de conocimiento: WordNet, una base de datos léxica iniciada a finales de la década de 1980 en la Universidad de Princeton con la intención de informatizar el lenguaje.[19] En lugar de clasificar las palabras alfabéticamente como haría un diccionario, o por ámbito como haría un glosario, WordNet organiza el lenguaje como una red de «sinónimos cognitivos» o *synsets*, esto es, términos hipervinculados según sus múltiples significados y jerarquizados mediante la hiperonimia.[20] En esta red, la arquitectura es nodo de tres ramificaciones distintas de un mismo «nodo raíz». Es edificio —derivado de estructura, artefacto, unidad, objeto y entidad física—, disciplina —derivada de campo de conocimiento, objeto mental, conocimiento, aspecto psicológico, abstracción y entidad— y arte liberal —con las mismas derivaciones de disciplina—.

En la primera versión de ImageNet no hubo arquitectura. Sus tres millones de imágenes se clasificaron en doce ramas distintas que se nutrieron de una fuerza de trabajo dispersa e invisible surtida a través de internet.[21] Y es que, después de un inicio infructuoso, la vinculación de las imágenes con los 5247 *synsets* incluidos en estas ramas se llevó a cabo mediante el Amazon Mechanical Turk, un servicio de la compañía norteamericana de distribución que facilita la globalización de pequeñas labores informacionales —como asignar imágenes de gatos al término 'gato'— por muy poco dinero. El nombre del servicio dice mucho de la paradoja que envuelve la automatización del medio digital: deriva de «El Turco», un autómata creado por Wolfgang von Kempelen en el siglo XVIII que podía jugar al ajedrez y que, según cuenta la leyenda, compitió contra Napoleón y consiguió derrotar a Benjamin Franklin. En realidad, se trataba de una conseguida ilusión: el autómata era operado por un maestro ajedrecista que se escondía entre sus engranajes, de la misma manera que la fuerza de trabajo, los procesos extractivos o las grandes transformaciones territoriales se agazapan tras el aura inmaterial de la tecnología digital.[22]

Si comparamos la primera versión de ImageNet con la versión actual de LAION, la base de datos con la que se ha entrenado Stable Diffusion —uno de los generadores de imágenes a partir de texto más populares en la actualidad—, nos podremos hacer una idea de la intensidad del salto cuantitativo que ha elevado las capacidades de la visión artificial en estos últimos años y que le permite no solo reconocer imágenes con extrema precisión, sino producirlas. Casi seis mil millones de imágenes etiquetadas con múltiples *synsets*.[23] Un número que solamente cobra sentido al imaginar que, durante la última década, el mundo se ha transformado en un gigantesco 'Turco Mecánico' que, a partir del trabajo incansable de los seres humanos, juega todas las combinaciones de la realidad sobre una retícula infinita de píxeles unidos por redes semánticas.

Los arquitectos hemos desempeñado un papel notable en este proceso de agudización visual, enseñando a las redes neuronales a ver arquitectura a través de una extensa labor de volcado y etiquetado de imágenes. Lo hacemos cada vez que etiquetamos una publicación en Instagram con los *hashtags* #architecturephotography, #archilovers o #architectureporn. Lo hacemos cada vez que publicamos un proyecto en *ArchDaily* y su cambiante sistema de etiquetado lo vincula con usos, materiales o herramientas de software. Lo hacemos cuando completamos el texto alternativo de una imagen digital. O cada vez que *Divisare* segmenta los documentos de uno de nuestros proyectos según su condición de fotografías, plantas, detalles, escaleras... Un entrenamiento inestimable que no solo enmarca la arquitectura para verla artificialmente, sino que polariza sus cualidades, renueva la definición de sus términos asociados y reconstruye a diario el interés de los elementos que capturan sus imágenes.

Cada una de estas acciones densifica las redes de las que emergen nuevas imágenes de arquitectura en la actualidad, unas redes productivas antes que discursivas y que utilizan la palabra escrita como instrumento de activación.[24] Su conexión con el lenguaje está marcada por la misma distancia que separa un diccionario de WordNet y, por lo tanto, no debemos asociarlas con géneros literarios establecidos ni con una escritura que ya controlamos. No hablan con palabras, sino con palabras clave: *hashtags, tokens*, clases. Enunciados sinápticos que activan un lenguaje a medio camino entre la prosa y el código y que promete transformar silenciosamente la semántica de la arquitectura. Así, si el posicionamiento de estilos y movimientos en nuestro campo ha estado vinculado históricamente a la definición de un vocabulario específico,[25] podríamos llegar a situar a WordNet o a los modelos de lenguaje natural en la base terminológica de la arquitectura contemporánea, si bien su esencia totalizante necesitará del uso y fijación de ciertas imágenes para destilar posiciones concretas. En el contexto de las nuevas técnicas generativas de producción visual, la palabra asume una función operativa que intercambia la descripción con la acción en la misma medida que la visión artificial mira imágenes existentes para ver otras nuevas.

Entonces, ¿es la palabra escrita un medio de proyecto útil, instrumental? Lo es para todos aquellos que incorporen las redes neuronales a su conjunto de técnicas proyectuales, sirviéndose de la descripción para capturar imágenes, plantas o modelos que marquen puntos significativos de anticipación al edificio a partir de una cierta cesión de control. Para el resto, podemos adivinar una influencia más silenciosa, subyacente, escondida entre los engranajes del entorno mediático que distribuye una parte importante de la información arquitectónica en la actualidad y que, de nuevo, propone una forma concreta de traducirla, procesarla y clasificarla de acuerdo con distintos modelos de conocimiento y con una lógica técnica que oscila constantemente entre la escritura y la visualización.

La utilización de redes neuronales como técnica de producción visual se injerta en la rama del diseño computacional y, como tal, extiende muchos de los aspectos fundamentales de una aproximación al proyecto que lleva ya muchas décadas tensionando la representación arquitectónica a partir de la inyección estratégica de distintos automatismos.[26] La variabilidad, el versionado, la dispersión de la autoría, la acumulación de datos o, en términos generales, la asimilación de procesos de creación heurísticos basados en la multiplicidad y la prueba y error son cualidades que la generación automatizada de imágenes, planos o modelos está destinada a arrastrar. Sin embargo, su particularidad se localiza precisamente en el espacio que ocupan las palabras entre el código y la prosa: es una tecnología en apariencia transversal, accesible, y que despliega los poderes de la creación automatizada sobre el imaginario colectivo y la cultura popular. Al hacerlo, transgrede algunos de los límites y oposiciones que han definido hasta ahora el ámbito del diseño computacional o el significado de lo digital en arquitectura, y se dirige a un encuentro más impuro entre la materia y la información que apuesta simultáneamente a forma y figura, pasado y futuro, convención e innovación, palabra y parámetro.

Más importante que estas transgresiones, no obstante, es la recuperación de la palabra como contraseña de acceso a la obra de arquitectura o, dicho de otro modo, como medio sometido a las tensiones y compromisos que conectan el proyecto con el edificio. Podemos reconocer en épocas anteriores a la instauración del dibujo como principal depositario del arte arquitectónico algunas de las cualidades de la arquitectura que se canaliza en la actualidad a través de las redes neuronales o en conversación con imágenes generadas a partir de texto.[27] Podemos incluso recuperar obras más recientes, como la casa CDLT de Morphosis o el proyecto The Other Room de Will Alsop, y prever las actitudes de una nueva oralidad artificial que, en palabras de Walter J. Ong, «posee asombrosas similitudes con la antigua en cuanto a su mística de la participación, su insistencia en un sentido comunitario, su concentración en un momento presente, e incluso su empleo de fórmulas». Pero no debemos olvidar que «en esencia se trata de una oralidad más deliberada y formal, basada permanentemente en el uso de la escritura» y en las condiciones del medio digital.[28]

Propulsadas por la energía de este medio, las palabras pretenden alcanzar la superficie de trabajo donde toma forma el proyecto arquitectónico y someterla a una transformación que podríamos calificar como terapéutica. Una transformación que propone al diseño una doble exposición: de un lado, a las intenciones del proyectista, ahora explícitas y observables como palabras y como imágenes; del otro, a los marcos de la teoría, la historia, o la crítica, encargados de posicionar los significados de las palabras que construyen nuestra cultura. Como toda terapia, esta exposición puede llevar al bloqueo o a la apertura de nuevas profundidades.

Sean cuales sean sus efectos, y en el marco de la nueva alianza entre el alfabeto y el píxel, intuimos que es precisamente en la interacción de lo deliberado y lo formal donde podremos descubrir nuevos compromisos para el proyecto de arquitectura. Porque es ahí, cuando alteramos la relación entre lo que vemos y lo que podemos decir, donde se producen transformaciones en la política de la arquitectura y, por lo tanto, en los acuerdos que proyecta la representación arquitectónica sobre la realidad.[29] Si tuviésemos que trenzar nuestra propia red semántica, no sabríamos si el término 'proyecto' sería hipónimo o hiperónimo del término 'representación'. Lo que sí sabemos es que resulta necesario diferenciarlos para recordar que, en la práctica de la arquitectura, las técnicas de representación son generativas antes que descriptivas. Implican una visión al mismo tiempo que la instruyen. El dibujo, la maqueta, el modelo, la imagen, la palabra.

Real inmediato

The Buick es una de las imágenes que componen la serie *The Dark Lens* del artista galo Cédric Delsaux. La temática que da sentido a la serie es tan sencilla como expansiva en su resonancia popular: elementos y personajes del universo imaginario de la saga cinematográfica de Star Wars se insertan en diferentes escenarios contemporáneos, dando lugar a unos montajes manifiestamente ficticios, pero visualmente coherentes.[30] Así, en una de las imágenes el Halcón milenario descansa en la excavación de un edificio en construcción, mientras que, en otra, un grupo de Startroopers monta guardia en una carretera que discurre bajo un viaducto de hormigón.

En *The Buick*, varios de los androides que conforman el ejército robótico que apuntala el giro absolutista de la Federación en el *Episodio 1* de la saga (1999) aparecen apoyados sobre un destartalado modelo Electra de la compañía de automóviles estadounidense, mientras otros, con el mismo desánimo, deambulan en segundo plano a la espera de una acción futura. Por su expresión, no obstante, parece que la acción no llegará, sino que ya es pasado. Que su tiempo se ha desajustado. Y todo ello en lo que podría ser una fotografía de la periferia de una ciudad de Oriente Medio o, quizá, del Golfo Pérsico.

Lo más impactante de la escena, en realidad, es que no resulta impactante en absoluto. Que, tal y como reconoce George Lucas al observar las imágenes de Delsaux, se trata de una escena plausible, una realidad que, con todo su desasosiego y falta de espectacularidad, ya no nos parece ficticia en absoluto.[31] Tal vez porque fue precisamente la cuarta de las películas de la saga ideada por Lucas la que, dos décadas antes de *The Buick*, instaló en el imaginario

Cédric Delsaux. The Buick. 2009

colectivo el germen del realismo sintético promovido por las tecnologías digitales de procesamiento de imagen, según el cual la realidad retratada ya no se grababa o extraía de un referente material, sino que se producía sintéticamente a partir de la manipulación de otras imágenes digitales y de la recombinación de sus píxeles. La ciclópea celebración de esta técnica puesta en práctica en el primer episodio de la saga, en que más de la mitad de los fotogramas carecen de referente material, no fue sino la antesala a la normalización de la visualidad inscrita en el realismo sintético, marcada por la posibilidad de integrar sin fricción aparente imágenes de todo tiempo y procedencia, capturadas por el sensor fotográfico o sintetizadas digitalmente. Si la posmodernidad había revelado la erosión del vínculo entre las imágenes y sus referentes y el fin de siglo había sido testigo de la explosión de la imagen misma en un mosaico de píxeles recombinables,[32] el siglo XXI podía disponerse entonces a recomponer los fragmentos de la explosión para generar una nueva realidad, sintética, artificial, pero tan cotidiana y anodina como la capturada por Delsaux en 2009.

No es de extrañar que el tiempo que se inauguró con la nueva realidad no se definiese en términos rupturistas con respecto a momentos históricos precedentes, tal y como habían hecho la modernidad y la posmodernidad, sino en adhesión a una atemporalidad deliberada, consciente. Una atemporalidad impulsada por la inercia polar de las tecnologías de la información, por la cual, según Paul Virilio, la instantaneidad de las conexiones sustituiría a la posición fija de los lugares.[33] Como consecuencia, todo pasó a ser parte del ahora y la historia dejó de entenderse de forma tripartita —como un vector articulado entre pasado, presente y futuro—para reconfigurarse en forma de red, esto es, como una suerte de almacén logístico de materiales históricos infinitamente disponibles para cualquier construcción intelectual.

La reconfiguración del tiempo y de la historia fue también la reconfiguración de la memoria. Tal y como explica el historiador y teórico de la arquitectura Kazys Varnelis, la consolidación de las tecnologías digitales como soporte primario de la información mundial ha derivado en una suerte de externalización de los mecanismos por los cuales los seres humanos organizan y procesan los materiales que dan forma a las estructuras culturales contemporáneas, de manera que el incremento de las posibilidades de acceso al pasado ha sido inversamente proporcional a la disminución de la necesidad de conceptualizarlo, de posicionarlo y de enmarcarlo en un sistema de significados estable y compartido. Y es que, «¿para qué molestarse en recordar el pasado cuando podemos verlo en una proliferación de imágenes digitales datadas?»[34]

La memoria contemporánea se ha desplazado a la superficie tejida por las redes de información e, ineludiblemente, ha asumido sus lógicas estructurantes: la sobredensidad y la sobredispersión o, lo que es lo mismo, la capacidad de acumular una cantidad infinita de materiales culturales y, al mismo tiempo, de organizarlos según principios individualizados. En efecto, como bien predijo Marshall McLuhan en la década de 1960, el circuito eléctrico ha demolido los regímenes del tiempo y del espacio,[35] pero no para reconstruirlos, sino para suspender sus escombros en un presente que no puede ser definido ya de forma estable, puesto que se recompone a cada instante.

Victor Burgin traza una analogía entre el tiempo que resulta de este proceso de suspensión histórica y la imagen de una brecha, esto es, un tipo de roca sedimentaria que, debido a lo acelerado de su formación, manifiesta con claridad la presencia de los fragmentos que la componen y que no se acumulan en estratos, sino de forma heterogénea e imprevisible. Para el artista y teórico británico, el «tiempo-brecha» sería entonces un tiempo agregado en que se conjugan momentos y memorias divergentes que, por fuerza de una presión superior, han acabado por formar parte de una misma entidad. Una entidad que no responde a una estructura predefinida ni se presta a ser observada desde posiciones estables, sino que ofrece una multitud de puntos de aproximación que difuminan la distinción entre el conjunto y sus componentes singulares. El «tiempo-brecha», dicho de otro modo, no propone jerarquía a sus componentes sino coexistencia y es el producto de un ambiente dominado por la circulación permanente de sedimentos culturales para siempre disociados de sus contextos primigenios.

En este tiempo, la identidad, reverso de la memoria, se ve sometida a un proceso de transformación análogo. Tomando como referencia la noción lacaniana de la fase espejo en la conformación de la personalidad infantil,

Burgin explicó a mediados de la década de 1990 que, en el tiempo de la información globalizada, la identidad se había transformado en identificación, esto es, en asimilación activa de los infinitos sedimentos culturales que, en forma de imagen, se disponían a diario frente al sujeto del fin de siglo. Identidad, por tanto, entendida como un palimpsesto variable y acumulativo y no como eslogan unívoco y esencial, tan expuesta a las presiones de un flujo creciente de referentes imaginarios que, desde que Burgin señalara su metamorfosis, ha mutado hasta asociarse con otro concepto: la participación.[36] Así, mientras que la identificación asumía todavía la distinción entre sujeto e imagen, la participación los mezcla, asumiendo que, en el tiempo de la red, «la cosa y la esencia cognitiva se interpenetran» y que «las cosas no son representadas por la imagen, sino que participan de ella».[37]

Esta es la transformación experimentada por los androides que se apoyan, desorientados, sobre el destartalado Buick. En el *Episodio 1*, los soldados de la Federación eran sujetos activos de una realidad declaradamente imaginaria, ficticia y segura de su artificialidad. En la imagen de Delsaux, por el contrario, ya no tienen una misión definida ni una identidad clara, puesto que han pasado a formar parte de una realidad diferente, más impura y más híbrida; son una cosa al igual que lo es la fotografía de la periferia urbana que ocupan. Son, volviendo a Varnelis, parte de «lo real inmediato», de la realidad que resulta de la naturalización de las condiciones de mediación permanente propuestas por la integración de las tecnologías de la información en todas las dimensiones de la producción cultural contemporánea.

En lo real inmediato, la existencia se define desde la participación constante en los mecanismos de intercambio propuestos por la red, en sus imágenes. La memoria, la identidad, la historia y el tiempo asimilan en este contexto la forma de la brecha o, más bien, de la base de datos; una entidad heterárquica, dinámica e intercambiable, asentada en la suspensión global y totalizante de los materiales de la historia. Como los androides de *The Buick*, los habitantes de lo real inmediato deambulamos por un espacio histórico cargado de sedimentos imaginarios a la espera de nuevas conexiones que trazar, de ficciones que realizar y de realidades cotidianas que distorsionar.

Realismo inmediato

Lo más asombroso de las imágenes producidas mediante redes neuronales es la inmediatez de su realismo. En el espacio que delimitan unos pocos segundos y unas pocas palabras, estos generadores desvelan escenas altamente resueltas en su apariencia pero tremendamente frágiles a su observación, como si su fidelidad fuese tan fugaz como el compromiso de una instantánea con la realidad que retrata. Su exactitud visual, de hecho, induce a una contemplación erróneamente modelada sobre las convicciones de la fotografía. Porque no son retratos ni son capturas, sino especulaciones y visiones artificiales proyectadas desde la recombinación del inmenso acervo de la imagen digital, mediadas a través del texto y la globalización de la computación; un proceso de doble dispersión que enlaza la rapidez de los automatismos con la pérdida de control y que suspende estas imágenes en una sofisticada indefinición. Demasiado fieles como para estar construidas. Demasiado descontroladas como para ser constructivas. Para no confundirlas, las denominaremos como *promptografías*.[38]

Es esta indefinición la que puede dislocar la posición de la promptografía en su incursión más directa en los procesos de proyecto de arquitectura. A cambio, es su incorporación al repertorio técnico del proyecto de arquitectura la que puede servirnos para esquivar las manifestaciones grandilocuentes, catastrofistas o finalistas que suelen acompañar la popularización de una tecnología transversal como es esta. Aquí la veremos siempre en relación con otros documentos y, sobre todo, cargada con la responsabilidad de participar activamente en la imaginación de nuevos acuerdos sociales, formales y materiales.

Fieles pero fugaces, únicas pero variables, predecibles pero inexplicables, las promptografías anticipan dos alteraciones

Olivier Campagne. Plateau de Saclay. 2024

generales en las formas de trabajo más extendidas en nuestra disciplina. La primera es la transformación de los procesos vinculados a la visualización digital, una tarea que requiere de un diseño y su modelado tridimensional antes de transformar la arquitectura en instantánea. En este ámbito, en que la imagen se sitúa al final de la cadena de proyecto y asume una función fundamentalmente persuasiva y validadora, la promptografía promete un tránsito menos costoso entre diseño y visualización que se aprovecha de la capacidad de las redes neuronales para sintetizar imágenes de alta definición a partir de indicios múltiples. Así, los procesos digitales de modelado, mapeado, iluminación, renderizado y postproducción que acompañan esta práctica, hoy en día vinculada a una fuerza de trabajo altamente especializada, van a verse reordenados por los poderes de la visión artificial y su habilidad a la hora de versionar la cultura visual contemporánea.

La segunda alteración es hasta cierto punto simétrica e incide sobre la inmediatez de estas imágenes y la posibilidad de investirlas con la función de activar el proceso creativo, no de validarlo. Con la misma rapidez y distancia con que las palabras canalizan las intenciones en arquitectura, la promptografía ofrece respuestas instantáneas y de alta definición a las intuiciones, sean estas catalizadas a través del texto o de otras imágenes.[39] Se trata de una competencia que nos invita a colocar la imagen al inicio del proceso de proyecto y, también, a utilizarla como una interlocutora ágil en la red de aproximaciones que llevan a la ejecución de una obra de arquitectura. Una interlocutora cuyo mayor potencial es su resistencia a reflejar con precisión los ensamblajes formales y los acuerdos espaciales establecidos en otros documentos, frustrando cualquier intento de verlas como un sustituto aparente del edificio. En este sentido, si la incorporación de nuevas técnicas ha pasado históricamente por el filtro de las anteriores, podríamos llegar a percibir las promptografías como bocetos de alta resolución: propuestas inmediatas que amenazan con cortar de raíz el carácter exploratorio del proyecto en la misma medida que proponen encauzarlo sobre aspectos menos aparentes a la atención arquitectónica, como las sombras, las texturas, la suciedad, los reflejos, la vegetación. Los aspectos que no tienen fácil cabida en un dibujo, pero sí en una imagen.

Según Michael Young, son precisamente estos aspectos los que conectan históricamente el trabajo de una serie de arquitectos que han reclamado la producción icónica como parte esencial de su visión arquitectónica, desde Mies van der Rohe a OMA, pasando por Archigram o Hans Hollein. Todos ellos instruyeron su práctica en conversación con los avances en las tecnologías de reproducción y edición de imagen de su época, convirtiendo el fax, la fotocopiadora, el montaje o el foto-collage en instrumentos de conocimiento y manipulación de las relaciones que la arquitectura propone a la realidad, así como de intercambio y revaluación de las propias convenciones de la arquitectura como disciplina.[40] Con visiones divergentes y necesariamente marcadas por su posición histórica, estos arquitectos trabajaron sobre el montaje de fragmentos de realidad, la elevada y la profana —fotografías, anuncios, recortes de prensa, obras de arte—. Al hacerlo, tornaron el proyecto de arquitectura en el proyecto de mundos, confundiendo creación y comunicación, visualización y visión, medio y mensaje.

Pensamos, como Young, que lo más relevante de la relación de estas prácticas con el montaje no fue la incorporación de una técnica basada en la selección y recombinación de fragmentos, ni siquiera la atención crítica prestada al entorno desde una percepción mediatizada, sino la producción de modelos concretos de relación con la realidad a través del proyecto arquitectónico. En las juntas de los montajes de Mies para su rascacielos de Friedrichstrasse o en los de la Casa Palestra de OMA se realizaban estos modelos: allí donde se descubre el encuentro de los elementos combinados —su origen, su historia o el desplazamiento que implica su selección— y se propone una relación. En las juntas, dicho de otro modo, es donde se resuelve la tensión entre realidad y representación que caracteriza la acepción del realismo que aquí nos interesa y que nada tiene que ver con el rendimiento ni con la mímesis. Siguiendo a Jacques Rancière, entendemos el realismo como una fricción entre la manera en que vemos el mundo y la manera en que construimos su percepción mediante la manipulación de su información sensible.[41] El realismo, por lo tanto, es una estrategia, es deliberado, disconforme, y trabaja con la voluntad de intensificar nuestros compromisos con el mundo a partir de la alteración de sus imágenes.

La acepción de inmediatez que nos ocupa tampoco es la primera. No tiene que ver con el rendimiento ni con la rapidez, sino con la mediación digital de toda existencia y el entendimiento de las imágenes como entidades que participan de la realidad —y en sus conflictos, compromisos y relaciones de poder—. Que no la representan, ni la sustituyen, ni la enmascaran, que son parte de ella. Bajo esta acepción, producir una imagen o transformar sus modos de distribución se torna en una declaración sobre la configuración de un mundo hecho de imágenes.

La integración de las tecnologías de la información en todas las facetas de las prácticas sociales y culturales es parte fundamental de la inmediatez de nuestro tiempo, un hecho que podemos detectar de nuevo en las juntas de los montajes digitales que han continuado la estela del realismo practicado por Mies o OMA. Cuando fijamos la atención sobre las imágenes del proyecto Border Crossing de Office KGDVS, o sobre los montajes de DOGMA, observamos la misma fricción dialéctica de sus ascendientes con una importante diferencia: las juntas no son ya tangibles ni el resultado material de un proceso de recorte y pegado, sino que se diluyen en la retícula de píxeles que soporta su materialidad digital. Se integran en la escena.

Para sostener la tensión del encuentro, las juntas se desplazan hacia el contraste de los fragmentos en su resolución, punto de vista o tipo de representación, un contraste que evidencia la voluntad crítica de los proyectos y su posición sobre la propia arquitectura como disciplina, su historia, y la generalización de otro tipo de montajes digitales muchas veces denostados por su carácter comercial: las infografías o *renders* fotorrealistas. A pesar de su esfuerzo, no obstante, estas juntas dejan un espacio que nos adentra en la posibilidad de instrumentalizar esta disolución para explorar otra versión del montaje digital, más abierta a la exploración de la lógica técnica del medio digital y a trabajar sobre la inmediatez de su realismo.

La detectamos en el trabajo de Philipp Schaerer y en su serie de *Bildbauten*, construcciones imaginarias hechas de fragmentos de imágenes recolectadas durante sus años como gestor del acervo visual de Herzog & De Meuron, que no revelan su procedencia a primera vista, sino que se integran y recombinan con exactitud para producir arquitecturas aparentemente plausibles pero absolutamente superficiales, que no nos dejan ir más allá de su frontalidad, que no se enlazan con plantas ni secciones, ni siquiera con modelos virtuales para refrendar su viabilidad. Son extrañamente familiares y enigmáticas, precisamente porque trabajan sobre la disolución de las costuras y las desplazan a un plano conceptual, interpelando al observador de manera indirecta, retardada. Una vez las hemos aceptado como fotografías, la extrañeza de algunos detalles nos detiene sobre su artificiosidad, sembrándolas con un aura de sospecha que Young señala como su aportación crítica más relevante. Aunque las vemos como fotografías, las percibimos como montajes.

Como explica Jesús Vassallo en su libro *Seamless: Digital Collage and Dirty Realism in Contemporary Architecture*, los *Bildbauten* de Schaerer apuntalan su realismo sobre la precisión técnica y lo reafirman con la adopción de las convenciones de la fotografía documental, abriendo una línea de acción directa sobre la realidad que pasa por la utilización del montaje digital como instrumento de alta definición. Estos montajes no dirigen la atención hacia el origen de los fragmentos o la historia de las imágenes que se juntan, sino que la desplazan hacia los efectos que produce su aleación, acercando esta técnica al dibujo y dotándola con la credibilidad de operar como herramienta de proyecto y no —solo— de visualización. Como le sucede al dibujo, se trata de una credibilidad encadenada a la intervención material, a la realización o a la búsqueda de superficies sobre las que proyectar los acuerdos establecidos en la imagen. Schaerer la encontraría posteriormente en sus colaboraciones con las oficinas de Roger Boltshauser o Made In, de las que surgen arquitecturas que interrogan al contexto en los términos que proponen sus montajes.

Pasada algo más de una década de los primeros *Bildbauten*, detectamos hoy en el trabajo de Olivier Campagne una propuesta similar que se enmarca en la lógica técnica de la promptografía. Al igual que Schaerer, Campagne es un arquitecto que ejerce su práctica en el ámbito de la visualización, primero en el estudio ArtefactoryLab y posteriormente en solitario, coincidiendo con sus incursiones en la utilización de redes neuronales para la producción icónica. La absoluta precisión técnica, la curada selección de los fragmentos combinados, su disolución en búsqueda de lo nuevo, la insistencia en las convenciones de la fotografía documental, el trabajo en series o los intercambios creativos con otros estudios —particularmente BRUTHER y BAUKUNST— son algunas de las líneas argumentales que amarran la práctica de Campagne a la ruta del realismo inmediato continuada por Schaerer. Es importante señalar que estos argumentos no solo definen sus sondeos en el territorio de la promptografía, sino que provienen de su labor paralela con la infografía. Y preguntarnos si, cuando observamos las imágenes generadas por Campagne para las galerías Lafayette de BRUTHER o para el edificio Kraus de Arrhov Frick, ¿no se cuestionan las previsiones sobre el valor disciplinar del *render* y su posición en los intercambios entre proyecto y visualización?

La tensión que provocan estas imágenes sobre nuestra percepción proviene de un deliberado rozamiento con lo real. Las infografías se construyen sobre series producidas por fotógrafos como Maxime Delvaux o Walter Mair, cuya óptica analógica se incorpora al proceso creativo para definir una primera renovación visual de los contextos periféricos y aparentemente anodinos donde se concentra el trabajo de estas oficinas. Las texturas de hormigón que revisten el modelo virtual retratado con la cámara infográfica no provienen de bancos de imágenes anónimas e infinitamente recirculadas, sino que se extraen de los edificios ejecutados por estas mismas oficinas para mapearse sobre nuevos proyectos. De la misma manera, las rocas, los árboles o las plantas que acompañan estas arquitecturas no se añaden en los lienzos del Photoshop, sino que se involucran en el modelo virtual a partir de su traducción como fotogrametrías o escaneados tridimensionales. Y muchos de los detalles y ensamblajes técnicos que definen el maquinismo estético de las obras son introducidos por el propio Campagne a partir de las exigencias visuales de la imagen.

En el proyecto para un mirador en la playa belga de La Panne, desarrollado junto a BAUKUNST, vemos cómo este combinado argumental se agita al ritmo automatizado del fluido digital, asimilando la aleatoriedad y la heurística en su voluntad de servirse sobre un contexto concreto. Partiendo de una serie de setenta y una fotografías del lugar tomadas por Delvaux, Campagne insertó automáticamente el diseño de BAUKUNST en todas y cada una de ellas valiéndose de la capacidad del software para traducir las instantáneas en perspectivas del modelo virtual; una gran roca desde la que mirar al horizonte, transportada desde la librería Quixel de escaneados tridimensionales y anclada en el límite entre la arena y el paseo marítimo. Los setenta y un montajes resultantes se produjeron con el mismo nivel de definición, dando lugar a un gran mosaico que sirvió para seleccionar las dos imágenes presentadas finalmente al concurso y, sobre todo, para revelar la fricción que plantea esta particular aplicación de la visión artificial. Una visión múltiple, equivalente, estadística, depurada, fría, pero hecha de realidad.

La promptografía normaliza estos atributos y ensalza la delegación y el azar como las propuestas más obvias de su lógica técnica. En las visiones que se multiplican sin esfuerzo aparente en el caldo generalista que alimenta los generadores de imagen a partir de texto, la realidad parece depurarse por completo; percibimos en ellas la misma naturalidad que encontramos en un espejo. Al fin y al cabo, las redes neuronales construyen la imagen a través de un proceso de decantación de ida y vuelta que purga concienzudamente las impurezas de la realidad para reproducirla sin trazas de sus referentes concretos. Partiendo de una descripción, o de la écfrasis inversa como señala Joan Fontcuberta,[42] extraen las figuras típicas de los elementos incluidos en la proposición desde un inmenso conjunto de instantáneas; las figuras exploran infinitas combinaciones y discriminan múltiples versiones de un acuerdo que se refrenda con una certera definición visual, pero con una verosimilitud para siempre atenazada por los grados de separación que interponen a sus referentes.[43]

Campagne aborda esta lógica con el mismo repertorio de rozamientos que aplica a la infografía, pero los recalibra sobre el campo de fuerzas del entorno promptográfico con la voluntad de preservar algunas de las ataduras que las imágenes guardan con la materia. Para resistir la delegación de la autoría y la disolución de la concreción que tensa la efectividad de las redes neuronales, delimita hasta el extremo su visión. Educa sus modelos de aprendizaje profundo y de previsión. O, mejor dicho, canaliza las pulsiones reproductivas de los miles de millones de parámetros que entrelazan palabras y píxeles a través de marcos estrictamente concentrados en su contexto y visualidad. En el segmento de la serie de *Régions artificielles* dedicado a Saclay, en el extremo sur del gran París,

el arquitecto francés lo hace mediante un modelo LoRA —
Low-Rank Adaptation of Large Language Models— definido
en relación con trescientas fotografías tomadas por él mismo
en la zona.[44] El marco generativo resultante despliega un
proceso de revisión del lugar y de las arquitecturas que
conviven en el campus de la Universidad de París-Saclay y el
Instituto Politécnico de París, construidas a caballo entre los
años setenta y las últimas dos décadas.

Las imágenes que devuelve la lente promptográfica parecen
atrapadas entre estos dos tiempos. A medio camino entre
el voluntarismo de la modernidad tardía y su fracaso,
entre el abandono del lenguaje moderno y una estetizada
reafirmación, entre la construcción y la descomposición.
Arquitecturas sorprendentemente mundanas en las que
la severidad de la tectónica moderna no parece capaz de
contrarrestar las fuerzas de lo real: de la naturaleza, del uso,
de la polución o del paso del tiempo. Lo vemos al compararlas
con las fotografías de algunas de las arquitecturas recientes
que pueblan el lugar.[45] No hay ya heroísmo en la visión.
O puede que el heroísmo esté en incorporar todos estos
elementos al mismo régimen estético. Lo que es seguro es
que todas estas preguntas solo surgen cuando conocemos
el contexto de las imágenes, cuando indagamos en su
realidad. Dada la similitud de algunas de las promptografías
con los *Bildbauten* de Schaerer, nos sentimos inclinados
a pensar que su acto crítico ya no está en la sombra de
sospecha que proyectan sobre las imágenes digitales,
sino que avanza sobre lo nuevo y el papel que las distintas
ontologías que participan en la arquitectura juegan en su
definición. Probablemente no nos sorprenda descubrir que
tres proyectos destacados de nuestro tiempo se encuentran
en Saclay: el condensador público de Muoto, el Lerning
Center de Sou Fujimoto y la residencia de estudiantes y
aparcamiento reversible de BRUTHER.

A la vista de los paralelismos que se dibujan entre las
trayectorias de Schaerer y Campagne, podemos situar la
serie de *Régions Artificielles* al inicio de la línea argumental
con la que el arquitecto galo se dispone a participar en
nuevos acuerdos para el proyecto arquitectónico, siempre
en conversación sostenida con otras prácticas, destrezas
y modos de actuar sobre la realidad. En 2018, en otra
colaboración con BAUKUNST y BRUTHER desarrollada a

nivel de concurso para el edificio Forum de la Universidad de Zúrich, Campagne visualizó la propuesta delegando en el ordenador el enmarcado del modelo virtual. 999 cámaras automatizadas que propusieron al equipo un mosaico de 999 vistas del que se extrajeron las tres presentadas al concurso. Una variación aumentada del proyecto de La Panne, en que el acercamiento no parte del contexto, sino del propio modelo, y en el que la mirada inicial del fotógrafo se sustituye por la visión artificial para desatar las fuerzas aleatorias e incrementales que configuran su campo de acción.

Lo interesante de esta variación es que no se detuvo con la obtención del tercer premio en el concurso y la consiguiente frustración de las expectativas materiales de la propuesta. En 2023 Campagne invitó al fotógrafo Rory Gardiner a revisar el proyecto, esta vez a través de la lente promptográfica. Utilizando ochocientas de sus fotografías para construir el modelo LoRA, Campagne vuelve a fijar su mirada intrusiva sobre la arquitectura de forjados rocosos dibujada por BAUKUNST y BRUTHER, que incrementa su definición a cambio de un nuevo sistema de relaciones para sus elementos. El proyecto se desplaza del exuberante telón vegetal de Zúrich a lo que podría ser un desierto o un solar castigado por el proceso de construcción. Los pilares de acero cromado pierden un brillo que pasa ahora a opacar las envolventes que se retuercen entre los planos de hormigón. Y el hormigón multiplica sus cicatrices e imperfecciones hasta el punto de confundirse con la piedra que inspira su materialidad artificial. La cámara promptográfica ensucia el proyecto y le hace aflorar los matices que vendrán en distintos momentos de su enfrentamiento con lo real y que estas imágenes montan en un mismo instante.

Son imágenes demasiado ciertas para ser bellas. Pero demasiado bellas para ser ciertas. Claro que aquí no buscamos ni certezas ni confirmaciones. Perseguimos la ficción, lo que no es todavía, lo imaginario, concreto. Exigimos a las imágenes, contra todo pronóstico, que funcionen como lo real.

Transferencias de estilo

Conocemos la Garden House de Louise Wright y Mauro Baracco a través de distintos formatos entre los que no se encuentra una visita a su emplazamiento en las afueras de Melbourne, Australia. Plantas y secciones facturados por estos arquitectos y distribuidos por múltiples mayoristas del entorno web, desde *Divisare* a *Domus*. Un reportaje fotográfico de Rory Gardiner que comparten estos mismos distribuidores y que se disgrega en un sinfín de tablones de Pinterest y *posts* de Instagram. Y un libro reciente editado por Actar en que estos mismos documentos acompañan la transcripción de una conferencia impartida por los arquitectos el 26 de febrero de 2022 y que convive con un artículo escrito por Nina Bassoli alrededor del reportaje del fotógrafo australiano.

En la conferencia, Baracco y Wright pautan la narración visual de la obra mediante un conjunto de diapositivas puramente textuales que la dividen en una introducción —Edificios y seres vivos— y tres historias —Reparación del ecosistema, Experimentación espacial y Tipológico—. Estas diapositivas se siguen de otras que aportan un conjunto adicional de subtítulos o palabras clave: Una casa, un jardín. Una casa jardín. Una casa y un jardín. Una casa y un invernadero. Un jardín y una comunidad de plantas autóctonas. Adentro y afuera. Cercado y exposición. Construido y no construido. Definido y vago. Arquitectura compartiendo espacio. Reorganizando. Reutilizando. Haciendo suelo. Atravesando.[46]

Leyendo las palabras del párrafo anterior, es probable que coincidamos a la hora de acotar las intenciones y los temas abordados en el proyecto de esta pequeña casa, aunque sería una casualidad que atinásemos al dibujar su arquitectura, resuelta con un pequeño volumen de planta cuadrada y cubierta a dos aguas revestido de policarbonato, estructurado por perfiles de acero galvanizado y dispuesto alrededor de un suelo elevado de madera que se retira hasta un metro y medio del cerramiento plástico. En realidad, esta descripción tampoco es demasiado precisa, ya que la arquitectura de la casa no se encuentra en el policarbonato ni en el acero, sino en los suelos, la vegetación endémica o los árboles de té que coexisten con estos materiales. Los cerramientos y los pilares son dispositivos de una intervención que busca reparar los sistemas ecológicos que se cruzan en este lugar y transformarlos mediante la incorporación del hábitat humano, algo que pasa por pensarlos en equivalencia, por invertir la relación habitual entre el fondo y la figura de la arquitectura.

En la práctica, los cerramientos, la estructura y la forma se devuelven a un estado elemental para delegar en los árboles, los microorganismos o los objetos cotidianos parte de la responsabilidad de definir el espacio. Los dibujos se despojan de gradaciones y tratan todos estos elementos con la misma línea y con la misma definición. Y las fotografías evitan capturar el volumen al completo y retratan la casa en instantáneas que aplanan los elementos y hacen sensible su equivalencia. En conjunto, ni la forma, ni el material, ni los documentos que construyen la obra son excepcionales, al contrario. El proyecto interviene sobre elementos habituales para producir una arquitectura que persigue la diferencia en la manera de redistribuir sus relaciones y desplazar su foco de atención.

Cuando Louis Daguerre consiguió fijar la imagen del Boulevard du Temple de París en 1838, buscó financiación para comercializar la tecnología del daguerrotipo con una circular que recogía una frase premonitoria: «El daguerrotipo no es solo un instrumento que sirve para dibujar la naturaleza […] le da el poder de reproducirse a sí misma».[47] En aquel momento la afirmación pretendía convencer de la verdad que imprimía la nueva tecnología y que pasaba por disolver la autoría humana en la emulsión de plata que cargaba ahora con la representación. Sin pinceles ni pigmentos, el daguerrotipo, y posteriormente la fotografía, neutralizaban la subjetividad de la pintura o del dibujo y eliminaban la distancia que separa la naturaleza de sus imágenes. La popularización de estas tecnologías en la segunda mitad del siglo XIX, no obstante, demostró muy pronto que la separación no desaparecía en absoluto, sino que se tensaba entre las fuerzas de la verdad y la belleza para reafirmar la tendencia de las imágenes a exceder cualquier forma de control discursivo. Quizá por ello, en el contexto de este ensayo, las palabras de Daguerre se nos presentan con otra voluntad: la naturaleza que se reproduce con los instrumentos de la imagen.

En el daguerrotipo del bulevar parisino se imprimieron edificios, ventanas, chimeneas, farolas, aceras, calles, árboles, sombras y dos personas que, debido a su estatismo, resistieron la evanescencia que imponía la larga exposición de la imagen a cualquier objeto móvil. El estatismo, de hecho, se cuenta entre los responsables de abrir las puertas de la arquitectura al caballo de Troya de la fotografía, una tecnología que le prometía nuevas formas de permanencia en la misma medida que promovía su transformación en un objeto de consumo. Y, con ella, el desplazamiento masivo de sus productos a una superficie ecléctica y omnívora que convertía en objeto todo lo que tocaba: las ventanas, los bancos, los árboles, las personas... Aunque la atención sobre los edificios no pareció resentirse con esta revelación, su relación con el resto de objetos se abrió a un nuevo sistema de intercambios que poco a poco comenzó a erosionar las convenciones dominantes en el ámbito de la representación arquitectónica sobre lo que es arquitectura y lo que no.[48]

Cuando la visión artificial reconoce la imagen del Boulevard du Temple la convierte en una red de objetos significantes que se relacionan a distintas escalas a partir de la aceptación de su equivalencia. Las ventanas y las chimeneas son objetos que se relacionan con el objeto edificio. El objeto árbol se relaciona con el objeto tronco y el objeto copa, que se relaciona a su vez con el objeto hoja y el objeto París. Cada uno de estos objetos se procesa en relación con su contenido y con su estilo. Lo primero tiene que ver con sus atributos formales —contorno, geometría, tamaño relativo—; lo segundo, con los superficiales —color, textura, reflejos—. Atributos que se incorporan al conjunto de datos que se enredan y manipulan cuando invertimos la visión artificial para reimaginar el bulevar parisino en un mundo posapocalíptico o en un lienzo impresionista.[49]

Este tipo de transformación icónica se basa en una técnica conocida como *Style Transfer* o transferencia de estilo, por la cual las redes neuronales procesan contaminaciones e intercambios entre el contenido y el estilo de dos o más imágenes. En el caso más directo, la imagen definida como contenido se transforma al son de los atributos de la imagen designada como estilo: el Boulevard du Temple pintado por Monet durante sus paseos por el jardín de Giverny. O el jardín de Giverny retratado por Daguerre. En otros casos más indirectos, los contenidos vinculados a determinadas palabras se recombinan y procesan con los estilos asignados a otras, todos ellos destilados de las reservas inagotables del mundo de la imagen digital. Un mundo en el que cualquier objeto puede ser leído indistintamente como contenido o como estilo. Así, si el daguerrotipo neutralizó la separación entre un objeto y su imagen, la promptografía parece destinada a neutralizar la distancia entre los objetos mismos.

No es de extrañar entonces que algunas de las arquitecturas más llamativas que se imaginan con la lente promptográfica especulen con la combinación de los atributos visuales pertenecientes a ontologías normalmente separadas: edificios hechos de árboles, de rocas, de deshechos, de muebles, de ropajes o de arena. Todo aquello que la disciplina arquitectónica ha tratado tradicionalmente como lo otro, lo que sucede antes, después o al lado de un edificio, y que arquitectos como Jean Jaques Balzac mezclan con formas artificiales para generar escenas que suscitan nuevas relaciones entre los objetos que se encuentran en las imágenes de arquitectura, desde el intercambio de roles a la fusión.[50] En el marco de una técnica que plantea que todas las formas existen ya, que solo hay que rastrearlas o acertar con su descripción, la novedad parece encontrarse en la combinación de realidades pertenecientes a categorías opuestas: el objeto y el espacio, lo permanente y lo efímero, la naturaleza y el artificio.

Estas correlaciones señalan que la compatibilidad es la propuesta silenciosa de la captura del mundo por las redes de información y su procesado generativo, pero también el reverso de su agotamiento. De la misma imposibilidad de pensar lo otro fuera del radio de acción humano, del modelado, la explotación y el control. No deja de ser paradójico que la promiscuidad que demuestran los elementos naturales en las arquitecturas que emergen de la cámara promptográfica se corresponda con su debilidad en el mundo, como si su paso por la imagen hiciese imposible conservarlos en su entorno original. En este contexto, la melancolía que destilan estas arquitecturas es también reverso de la voluntad ecológica de proyectar su conservación, de reintroducir la naturaleza en un mundo diseñado.

Se trata de una voluntad que precede ampliamente a la popularización de la tecnología promptográfica y que ha sido ensayada en numerosos edificios que se construyen con materias y formas naturales. Tierras, rocas, árboles y pieles que se han incorporado al utillaje del proyecto arquitectónico, y que la lente promptográfica se dispone a magnificar. Como cualquier otra técnica de producción icónica, la promptografía va a extender las propuestas más directas de su lógica técnica en relación con las sensibilidades que estampan su tiempo y la superación de las barreras entre naturaleza y artificio es una posibilidad que hoy ya no cuesta imaginar. Al fin y al cabo, las imágenes las han hecho compatibles. Sin embargo, proyectar con y como elementos naturales fomenta su conservación en la misma medida que normaliza su consumo y encubre las complejidades que implica su reinserción material. No debemos olvidar que las taxidermias más exquisitas son aquellas que se aplican a los seres que ya no están entre nosotros.

Frente a esta tendencia, queremos adivinar una propuesta diferente sobre la compatibilidad que no pasa por la fusión, sino por la coexistencia. Por resistir las transferencias de estilo que facilita la visión artificial sin desatender las equivalencias que supone. La informatización de las entidades del mundo, tornadas en objeto por medio de la imagen digital, promueve la mezcla y el intercambio, pero también permite observarlas con más atención, por separado y en relación. Observar las rocas, los árboles, las tierras, sus historias y cualidades, sus demandas y ataduras, pero también la arquitectura. En nuestro caso, hacerlo supone admitir la condición absolutamente artificial de nuestra práctica y detectar en la simplificación y la ligereza —entendida en términos de impacto y no de peso—, en la inteligencia aplicada al diseño y la facilidad procurada a la construcción, las cualidades que nos deben ayudar a ampliar el espacio, a prestar atención al resto de agentes que construyen un entorno mediante procesos únicos y destrezas ajenas.

Si lanzamos esta propuesta a los caminos de ida y vuelta que las promptografías trazan entre lo concreto y lo típico, o entre un instante absolutamente único y un conjunto de atributos genéricos destilados de una multitud de instantes similares, pasaremos seguramente por el arquetipo de la cabaña y no por el de la caverna. Por una arquitectura deliberada que no se apropia del entorno, sino que lo transforma valiéndose de la técnica y de lo que tiene antes, después y al lado. Pero que solo pasa por este modelo primitivo, o compartido, para salirse de los modelos y llegar a otros lugares.

Cuando el generador de imágenes Midjourney reconoce la fotografía de la Garden House que introduce este cierre, la describe con estos términos: «Una fotografía del borde entre un bosque de eucaliptos y un invernadero de cristal abandonado, tomada desde detrás de los arbustos. Estilo minimalista con tonos apagados mostrando un paisaje australiano al atardecer con luz suave. Fotografiada con una cámara Hasselblad de medio formato y enfoque nítido».

Entre todas las imprecisiones que las palabras extraen de la fotografía de Gardiner, volvemos a detectar en la presencia del borde, en la junta, la oportunidad de adentrarnos en una nueva posibilidad: la de una arquitectura que no se disuelve en los automatismos de la promptografía, sino que los manipula para reforzar su destreza a la hora de problematizar nuevos acuerdos con la realidad a través de la imaginación. En el borde, de nuevo, es donde se produce el contacto del proyecto con el mundo; y en un mundo que ya no separa las imágenes de las cosas y que convierte todos los seres en objetos recombinables, trabajar sobre el borde es la única manera de conservar las distancias que nos ayudan a desafiar la cultura material de este momento.

Lluis Juan Liñán.
Profesor asociado de la Universidad
Politécnica de Madrid.

El texto central de este ensayo, 'Real inmediato', tiene su origen en la tesis doctoral *Arquitectura web: de la reproducción a la producción en la era de internet*, leída en enero de 2022, en el Programa de Doctorado de Proyectos Arquitectónicos Avanzados (PDPAA – UPM). El resto de los textos se ensayan aquí por primera vez, partiendo de las líneas de reflexión dibujadas entonces para adentrarse en el territorio de la *promptografía*.

Notas

1. Eco, *Interpretación y sobreinterpretació*n, 103.

2. Ortega y Gasset, «Estafeta romántica. Un poeta indo», 5.

3. Esta fue una observación recurrente en el ámbito de la crítica de arquitectura interesada por los medios digitales durante la segunda década del siglo XXI. Como muestra, pueden consultarse estos textos: Garcia y Frankowski, *Pure Hardcore Icons*; Schaerer, «Built Images».

4. Roman, «Voids, Brands, Characters», 63-79.

5. Eric Höweler hace esta reflexión en Miljacki, *Under the Influence*, 166.

6. Bratton, «Some Trace Effects of the Post-Anthropocene», 2.

7. Las redes neuronales son un complejo sistema computacional de interconexión de informaciones en distintas capas que constituye en la actualidad una de las manifestaciones más visibles de lo que generalmente se conoce como 'inteligencia artificial'. Entre muchos otros procesos de inferencia y resolución de problemas, esta tecnología permite reconocer imágenes con precisión y generar imágenes de manera automática. En lo que sigue, hablaremos de redes neuronales y no de inteligencia artificial para tratar de concentrar el radio de acción del ensayo en la utilización de esta tecnología para la producción de imágenes de arquitectura.

8. Baudrillard, *The Ecstasy of Communication*, 127. Baudrillard contrapone esta condición proteica a la esencia «prometeica» de una época anterior, basada en la distinción entre la producción y el consumo de información y el carácter inefable del acto creativo.

9. En el ámbito de la producción de imágenes estos son algunos de los servicios o 'generadores' que utilizan las redes neuronales y los modelos de aprendizaje profundo: DALL.E (2021), Midjourney (2022), Image de Google Brain (2022), Stable Diffusion (2022) o Bing Image Generator de Microsoft (2023). Es importante señalar, no obstante, que existen servicios diferentes que utilizan las redes neuronales para automatizar otros procesos de diseño arquitectónico, desde la producción de plantas a la generación de volumetrías en función de distintos parámetros urbanísticos.

10. Eco, *op. cit.,* 102.

11. Evans, *Traducciones*, 171.

12. Leon Battista Alberti promulgó esta sustitución en su tratado *De re aedificatoria* de 1452. En él, defendió la posición del dibujo arquitectónico en el origen del edificio y el control y autoría de los arquitectos sobre su producción. Según este modelo autoral, los arquitectos no deberían acudir al lugar de construcción, ya que toda la información necesaria para ejecutar una obra se encontraba en los dibujos. Para una lectura más precisa al respecto, véase Carpo, *Architecture in the Age of Printing*.

13. Forty, *Words and Buildings*, 32.

14. El trabajo de Beatriz Colomina captura con nitidez esta idea o la importancia que tiene la reproducción de los edificios por distintos medios —fotografías, revistas, exposiciones…— en el moldeado de las inquietudes proyectuales de los arquitectos.

15. Mitchell, *The Reconfigured Eye*, 80.

16. La visión artificial o informática es una rama de la inteligencia artificial, un concepto acuñado por Marvin Minsky en 1956. Si la ambición de la segunda es informatizar el pensamiento, la voluntad de la primera fue informatizar la observación.

17. Ballard y Brown, *Computer Vision*, 13. Este es uno de los libros fundacionales del campo de la visión artificial.

18. Paglen, «Invisible Images», 27.

19. Fellbaum, *WordNet*.

20. Los hiperónimos son palabras cuyo significado está incluido en el de otras. El diccionario de la Real Academia Española pone como ejemplo la palabra pájaro como hiperónimo de gorrión.

21. Las doce ramas partieron de estos nodos: mamífero, pájaro, pez, reptil, anfibio, vehículo, mobiliario, instrumento musical, formación geológica, herramienta, flor y fruta.

22. *En las profundidades de la nube,* el ensayo de Marina Otero Verzier que se incluye en la colección Ensayos Críticos, deshace rigurosamente esta ilusión.

23. Este número se relaciona a su vez con el número de parámetros que componen los modelos de lenguaje natural que estructuran estos generadores. Los dirigidos a usuarios y consumidores cuentan con una cantidad similar. Los utilizados por corporaciones como Meta son diez veces mayores: unos sesenta mil millones de parámetros interconectados.

24. Los generadores de imagen a partir de texto, en su versión más directa y accesible, utilizan una descripción o *prompt* para producir series de imágenes que recombinan los objetos y los estilos vinculados a cada uno de los términos incluidos en el texto.

25. Forty, *Words and Buildings*, 19-20.

26. El libro *The Digital Turn in Architecture 1992-2012*, editado por Mario Carpo, ofrece una panorámica de las distintas tendencias que han caracterizado la incorporación del diseño computacional a la práctica arquitectónica.

27. Carpo, *Architecture in the Age of Printing*, 23-41.

28. Ong, *Oralidad y Escritura*, 143.

29. Rancière. *The Politics of Aesthetics*.

30. La serie completa puede consultarse en el sitio web de Delsaux. https://www.cedricdelsaux.com/dark-lens-origins

31. Delsaux, *Dark Lens*, 6.

32. Burgin, *In/different Spaces*, 190.

33. Virilio, «The Insecurity of History», 71-72.

34. Varnelis, «History After the End», 9.

35. McLuhan y Fiore, *The Medium is the Massage*, 16.

36. Curiosamente, el concepto de participación proviene de Walter Benjamin; al fin y al cabo, el pensamiento es también brecha.

37. Steyerl, *Los condenados de la pantalla*, 52.

38. Este es uno de los conceptos que se han extendido recientemente para nombrar a las imágenes producidas por medio de generadores a partir de texto. Parte de la fusión de los términos *prompt* (descripción) y *graphy* (grafía). El artista alemán Boris Eldagsen lo popularizó cuando una de sus imágenes, generada computacionalmente, fue galardonada en los Sony World Photography Awards de 2023.

39. Aunque la mayoría de los generadores proponen la descripción como la forma más directa de activarse, también permiten trabajar sobre imágenes existentes. Entre todas las implicaciones que plantea esta posibilidad, la manipulación de proyectos de referencia o el resurgimiento de la imitación creativa se intuyen entre las más destacadas, tanto en la práctica como en la enseñanza de la arquitectura.

40. Young, *Reality Modelled after Images*, 69-98.

41. Rancière, *op. cit.*, 24.

42. Fontcuberta, *Desbordar el espejo*, 281.

43. Si quisiéramos simplificar la complejidad de estos procesos, podríamos aproximarnos a ellos

en base a los cuatro tipos de representación definidos por Ballard y Brown en su libro de 1982. Con esta referencia, veríamos que las redes neuronales llevan a cabo un recorrido de ida y vuelta sobre imágenes generalistas que las hace pasar por los otros estados hasta devolver variaciones inéditas. Para una descripción más precisa, no obstante, pueden consultarse los libros de Mario Carpo (*Beyond Digital*) o Neil Leach listados en la bibliografía del ensayo.

44. Este tipo de modelo reduce drásticamente el número de parámetros del modelo de aprendizaje profundo que sirve al generador de imágenes. La reducción se produce, además, en base a conjuntos de imágenes que pueden seleccionarse.

45. Arquitecturas de prácticas como Muoto, BRUTHER o 51N4E. Muchas de ellas fotografiadas por el propio Maxime Delvaux.

46. Wright y Baracco, *Buildings & Living Things*, 47-69.

47. Sontag, *Sobre la fotografía*, 183.

48. Michel Young analiza este fenómeno en relación con el concepto de *Entourage*, esto es, el sistema de representación establecido en la Escuela de Bellas Artes de París a la hora de dibujar lo que se consideraba como suplementario a la arquitectura: la vegetación, el mobiliario, los vehículos o las personas. Con la incorporación de la fotografía y la utilización del montaje como técnica de proyecto, distintos arquitectos del siglo XX cuestionaron este rol suplementario e intercambiaron las lógicas del consumo y la cultura de masas con las del proyecto arquitectónico.

49. Cabe señalar que estos atributos no son solo intrínsecos al objeto, sino que dependen del tipo de cámara o representación utilizada para capturarlo. En el mundo de la visión artificial, en otras palabras, la forma o la tectónica están tan vinculados al marco como al contenido. Las implicaciones que ello puede tener para cuestiones centrales de la disciplina arquitectónica, como por ejemplo el tipo, invitan a reflexiones que quedan aquí pendientes.

50. Balzac define sus promptografías como «Wrong architectural illustrations». Su trabajo puede consultarse en Instagram: @jeanjacquesbalzac

Bibliografía

Ballard, Dana H., y Christopher M. Brown. *Computer Vision*. Nueva Jersey: Prentice-Hall, 1982.

Baudrillard, Jean. *The Ecstasy of Communication*. Londres: Semiotext(e), 1988.

Bratton, Benjamin H. «Some Trace Effects of the Post-Anthropocene: On Accelerationist Geopolitical Aesthetics». *e-flux journal* 46 (junio 2013): 1-10.

Burgin, Victor. *In/different Spaces: Place and Memory in Visual Culture*. Berkeley: University of California Press, 1996.

Carpo, Mario. *Architecture in the Age of Printing: Orality, Writing, Typography, and Printed Images in the History of Architectural Theory*. Cambridge, MA: MIT Press, 2001.

Carpo, Mario, ed. *The Digital Turn in Architecture 1992-2012*. Hoboken: Wiley, 2013.

Carpo, Mario. *Beyond Digital. Design and Automation at the End of Modernity*. Cambridge, MA: MIT Press, 2023.

Delsaux, Cédric. *Dark Lens*. Paris: Xavier Barral, 2012.

Eco, Umberto. *Interpretación y sobreinterpretación*. Cambridge: Cambridge University Press, 1995.

Evans, Robin. *Traducciones*. Traducido por Moisés Puente. Girona: Pre-Textos, 2005.

Fellbaum, Christiane. *WordNet: An Electronic Lexical Database*. Cambridge, MA: MIT Press, 1998.

Fontcuberta, Joan. *Desbordar el espejo: la fotogra*fía, de la alquimia al algoritmo. Barcelona: Galaxia Gutenberg, 2024.

Forty, Adrian. *Words and Buildings: A Vocabulary of Modern Architecture*. Londres: Thames and Hudson, 2000.

García, Cruz, y Nathalie Frankowski. *Pure Hardcore Icons: A Manifesto on Pure Form in Architecture*. Londres: Artifice, 2013.

Leach, Neil. *Architecture in the Age of Artificial Intelligence*. Londres: Bloomsbury, 2022.

McLuhan, Marshall, y Quentin Fiore. *The Medium is the Massage*. Nueva York: Bantam Books, 1967.

Miljacki, Ana, ed. *Under the Influence*. Cambridge, MA: SA+P Press, 2014.

Mitchell, William J. *The Reconfigured Eye: Visual Truth in the Post-Photographic Era*. Cambridge, MA: MIT Press, 1992.

Ong, Walter J. *Oralidad y escritura: tecnolog*ías de la palabra. México, D.F.: Fondo de cultura económica, 1987.

Ortega y Gasset, José. «Estafeta romántica. Un poeta indo». *El Sol*, 27 de enero, 1918: 5.

Otero Verzier, Marina. *En las profundidades de la nube. Arquitecturas para el almacenamiento y soberanía de datos en la era de la AI*. Madrid: DPA Prints' y Ediciones Asimétricas, 2024.

Paglen, Trevor. «Invisible Images: Your Pictures are Looking at You». *Architectural Design* no. 257 (January/ February 2019): 22-27.

Rancière, Jacques. *The Politics of Aesthetics*. Nueva York: Continuum, 2004.

Roman, Miro. «Voids, Brands, Characters, and How to Deal with Lots». En *Ghosts of Transparency: Shadow casts and shadows cast out*, editado por Michael R. Doyle, Selena Savic y Vera Bühlmann, 63-79. Basilea: Birkhäuser, 2019.

Schaerer, Philipp. «Built Images: On the Visual Aestheticization of Today's Architecture». *ZARCH* 9 (2017): 48-60.

Sontag, Susan. *Sobre la fotografía*. Traducido por Carlos Gardini. Barcelona: Penguim Random House, 2008.

Steyerl, Hito. *Los condenados de la pantalla*. Traducido por Marcelo Expósito. Buenos Aires: Caja Negra, 2014.

Varnelis, Kazys. «History After the End: Network Culture and Atemporality». *The Cornell Journal of Architecture* 8 (2011): 5-15.

Vassallo, Jesús. *Seamless: Digital Collage and Dirty Realism in Contemporary Architecture*. Zúrich: Park Books, 2016.

Virilio, Paul. «The Insecurity of History». *Log*, no. 23 (Fall 2011): 71-72.

Wright, Louise, y Mauro Baracco. *Buildings & Living Things: Garden House*. Barcelona: Actar, 2023.

Young, Michael. *Reality Modeled after Images: Architecture and Aesthetics after the Digital Image*. Londres: Routledge, 2022.